Impressum
Verlag: BABADADA GmbH, Nedderfeld 112 , 22529 Hamburg
Geschäftsführer / Verlagsleitung: Harald Hof
Druck: Books on Demand GmbH, In de Tarpen 42, 22848 Norderstedt

Imprint
Publisher: BABADADA GmbH, Nedderfeld 112 , 22529 Hamburg, Germany
Managing Director / Publishing direction: Harald Hof
Print: Books on Demand GmbH, In de Tarpen 42, 22848 Norderstedt

سکول

學校

تقسیم
除
186/2
بورڈ
黑板
کلاس روم
教室
سکول نا میدان
استاد
老師
کاغذ
紙
لکھنا
書寫
قلم
筆
میز
辦公桌
سکیل
直尺
کتاب
書
شاگرد
學生

جزدان

書包

پینسل دا ڈبہ

鉛筆盒

پینسل

鉛筆

پینسل شارپنر

削鉛筆機

ربر

橡皮擦

ڈرائنگ پیڈ

畫板

ڈرائنگ

圖畫

پینٹ برش

畫筆

پینٹ باکس

顏料盒

قینچی

剪刀

گلو

膠水

مشقی کتاب

練習冊

گھر دا کم

家庭作業

12

عدد

數字

2+2

جمع

加

5-2

تفریق

減

2×2

ضرب

乘

کیلکولیٹ

計算

A

خطرہ

字母

ABCDEFG
HIJKLMN
OPQRSTU
VWXYZ

حروف تہجی

字母表

hello

لفظ

字

متن

課文

پڑھنا

讀

چاک

粉筆

سبق

上課

رجسٹر

登記

امتحان

考試

سند

證書

سکول نی وردی

校服

تعلیم

教育

انسائیکلوپیڈیا

百科全書

یونیورسٹی

大學

مائیکرو سکوپ

顯微鏡

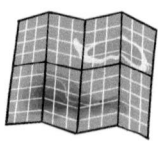

نقشہ

地圖

کچرے نا ڈبہ

廢紙簍

سفر

旅行

飯店
ایکسچینج دفتر
外幣兌換處
سوٹ کیس
手提箱
کار
汽車

بولی

語言

ہاں /نہیں

是/否

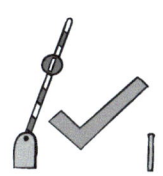

ٹھیک ہے

好的

اسلام و علیکم

您好

ترجمان

翻譯人員

شکریہ

謝謝

ایہہ کنے نے ؟

……多少錢？

می سمجه نئیں رلی

我不明白

مسئلہ

問題

اسلام و علیکم

晚上好！

اسلام و علیکم

早上好！

اللہ حافظ

晚安！

اللہ نے حوالے

再見

سمت

方向

سامان

行李

بیگ

包

بیک پیک

背包

مہمان

客人

کمرہ

房間

سلیپنگ بیگ

睡袋

خیمہ

帳篷

سیاح لئی معلومات

旅行資訊

ساحل سمندر

海灘

کریڈٹ کارڈ

信用卡

ناشتہ

早餐

دوپہر نا کھانا

午餐

رات نا کھانا

晚餐

ٹکٹ

票

لفٹ

電梯

مہر

郵票

بارڈر

邊界

کسٹمز

海關

ایمبیسی

大使館

ویزا

簽證

پاسپورٹ

護照

ٹرانسپورٹ

交通運送

پانی آلا جہاز
船
جہاز
飛機
فائر انجن
消防車
بس
公車
ٹرک
卡車
موٹر بوٹ
汽艇
کار
汽車
بائیک
腳踏車

فیری

渡輪

کشتی

小船

موٹر بائیک

機車

پولیس کار

警車

ریسنگ کار

賽車

کرایہ نی گڈی

租車

كار شئيرنگ

拼車

بريک ڈاؤن ٹرک

拖車

ريفيوز ٹرک

垃圾車

موٹر

馬達

فيول

汽油

پٹرول سٹيشن

加油站

ٹريفک سائن

交通標識

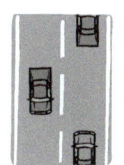

ٹريفک

交通

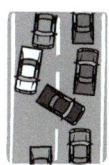

ٹريفک جام

交通堵塞

كار پارک

停車場

ريل سٹيشن

火車站

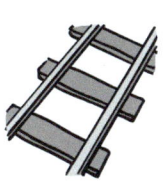

ٹريکس

軌道

ريل

火車

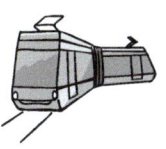

ٹرام

路面電車

كيرج

客車廂

ہیلی کاپٹر

直升機

ائر پورٹ

機場

مینار

塔

مسافر

乘客

کنٹینر

集裝箱

کاٹن

紙板箱

چھکڑا

手推車

بالٹی

籃子

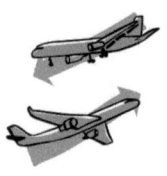

اڈنا / لہنا

起飛/降落

شہر
城市

پنڈ

村莊

سٹی سینٹر

市中心

کھار

房子

CINEMA
سینما
電影院
مشہوری
廣告
سٹریٹ لیمپ
路燈
گلی
街道
ٹیکسی
計程車
سنیک شاپ
小吃店
پیدل چلن آلے
行人
سلیب
人行道
زیبرا کراسنگ
斑馬線
بن
垃圾箱
کراسنگ
十字路口
ٹریفک لائیٹس
紅綠燈

ہٹ
小屋

فلیٹ
公寓

ریل سٹیشن
火車站

ٹاؤن ہال
市政廳

میوزنیم
博物館

سکول
學校

یونیورسٹی

大學

بنک

銀行

ہسپتال

醫院

ہوٹل

飯店

فارمیسی

藥房

دفتر

辦公室

کتب خانہ

書店

ہٹی

商店

پھلاں الے

花店

سپر مارکیٹ

超市

بازار

市場

ڈیپارٹمنٹ سٹور

百貨商店

مچھیرے

魚店

شاپنگ سینٹر

購物中心

بندرگاہ

海港

پارک

公園

بنچ

長凳

پل

橋

سیڑھیاں

樓梯

انڈر گراؤنڈ

捷運

ٹنل

隧道

بس سٹاپ

公車站

بار

酒吧

ریسٹورنٹ

餐館

پوسٹ بکس

郵筒

سٹریٹ سائن

路標

پارکنگ میٹر

停車計時器

چڑیا گھر

動物園

سوئمنگ پول

游泳池

مسجد

清真寺

فارم

農場

آلودگی

污染

قبرستان

墓地

چرچ

教堂

پلے گراؤنڈ

操場

مندر

寺廟

منظر

地形

پتہ
樹葉
سائن پوسٹ
指示牌
راہ
路
سر سبز میدان
پتھر
石頭
درخت
樹
徒步旅行者
دریا
河
草
花

وادی

峽谷

پہاڑی

丘陵

نہر

湖

جنگل

森林

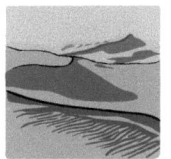

صحرا

沙漠

آتش فشاں

火山

قلعہ

城堡

رین بو

彩虹

کھمبی

蘑菇

پام ٹری

棕櫚樹

مچھر

蚊子

مکھی

蒼蠅

چیونٹا

螞蟻

مکھی

蜜蜂

مکڑی

蜘蛛

بھونرا

甲蟲

مینڈک

青蛙

گلہری

松鼠

سیہہ

刺蝟

ساھیا

野兔

الو

貓頭鷹

پرندہ

鳥

راج ہنس

天鵝

نر سور

野豬

ہرن

鹿

بارہ سنگا

麋鹿

ڈیم

水壩

ونڈ ٹربائن

風力發電機

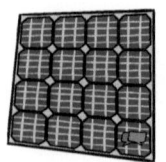

شمسی توانائی دا پینل

太陽能電池板

آب و ہوا

氣候

ریسٹورنٹ

餐館

ویٹر
服務生
مینیو
菜譜
کرسی
椅子
سوپ
湯
پیزا
披薩餅
میز نا کپڑا
桌布
پھانڈے

سٹارٹر

前菜

مین کورس

主菜

ڈیزرٹ

甜點

مشروب

飲料

کھانا

食物

بوتل

瓶子

فاسٹ فوڈ

速食

سٹریٹ فوڈ

街邊小吃

ٹی پاٹ

茶壺

شوگر بول

糖盒

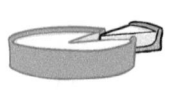

پورشن

一份飯菜

اسپریسو مشین

義式咖啡機

ہائی چئیر

高腳椅

بل

帳單

ٹرے

托盤

چھری

刀

کنڈا

餐叉

چمچ

勺子

ٹی سپون

茶匙

تولیہ

餐巾

گلاس

玻璃杯

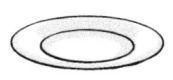

پلیٹ

碟子

سوپ پلیٹ

湯盤

ساسر

碟子

چٹنی

醬

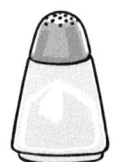

نمک دانی

鹽瓶

پیپر مل

胡椒研磨罐

سرکہ

醋

تیل

食用油

مصالحہ

調味料

کیچپ

番茄醬

سرہیئوں

芥末

مینیز

美乃滋

سپر مارکیٹ

超市

سپیشل آفر
特價
FOR
گاہک
顧客
ڈیری
乳製品
ٹرالی
購物車
پھل
水果

قصائی

肉鋪

بیکرز

麵包店

وزن

稱重

سبزیاں

蔬菜

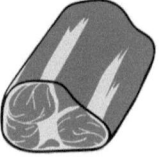

گوشت

肉

فروزن فوڈ

冷凍食品

کولڈ گوشت

冷盤

ٹن فوڈ

罐頭食品

واشگ پوڈر

洗衣粉

مٹھائی

甜食

کھار دیاں چیزاں

日用品

صفائی آلی چیزاں

清潔用品

سیل مین

銷售員

ٹل

收銀機

کیشئیر

收銀員

شاپنگ لسٹ

購物清單

کھلن دا ویلا

開放時間

پرس

錢包

کریڈٹ کارڈ

信用卡

بیگ

袋子

پلاسٹک بیگ

塑膠袋

مشروب
飲料

پانی

水

جوس

果汁

ددھ

牛奶

کوک

可樂

شراب

紅酒

شراب

啤酒

شراب

酒

کوکا

可可

چا

茶

کافی

咖啡

اسپریسو

義式濃縮咖啡

کیپچینو

卡布奇諾

كهانا
食物

كيلا

香蕉

سيب

蘋果

موسمبی

柳丁

تربوز

西瓜

نیمبو

檸檬

گاجر

胡蘿蔔

لہسن

大蒜

بانس

竹子

پیاز

洋蔥

کھمبی

蘑菇

میوے

堅果

نوڈلز

麵條

سپیگیٹی

義大利麵

چاول

米飯

سلاد

沙拉

چپس

薯條

تلے ہوئے آلو

炸馬鈴薯

پیزا

披薩餅

ہیم برگر

漢堡

سینڈوچ

三明治

تکے

炸豬排

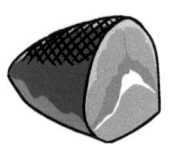

ہیم

火腿

سلامی

義大利臘腸

ساسج

香腸

مرغی

雞肉

بھنیا ہویا

烤肉

مچھی

魚

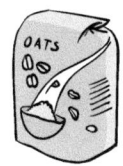

جو نا دلیہ

燕麥片

مولی

木斯里

کارن فلیکس

玉米片

آٹا

麵粉

کرائسنٹ

牛角麵包

بریڈ رول

麵包捲

روٹی

麵包

ٹوسٹ

吐司

بسکٹ

餅乾

مکھن

奶油

دہی

凝乳

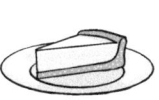

کیک

蛋糕

انڈا

蛋

تلیا انڈا

煎蛋

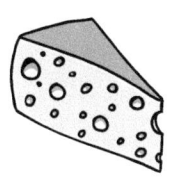

پنیر

起司

آئس کریم

冰淇淋

چینی

糖

شہد

蜂蜜

جام

果醬

چاکلیٹ سپریڈ

巧克力醬

سالن

咖哩

فارم ہاؤس
農舍

گودام
糧倉

ونڈا
稻草捆

گھوڑا
馬

جیویں
田野

ٹرالی
拖車

بچھیرا
馬駒

ٹریکٹر
拖拉機

کھوتا
驢

بھیڑ
羔羊

بھیڑ
羊

بکری
山羊

گاں
奶牛

بچھڑا
小牛

سور
豬

پگ لیٹ
小豬

بیل
公牛

بطخ

鵝

بطخ

鴨

چوزه

小雞

مرغی

母雞

مرغا

公雞

چوہا

鼠

بلی

貓

چوہا

老鼠

بیل

牛

کتا

狗

کتے نا کھار

狗屋

لان نا پائپ

花園澆水軟管

پانی نا ڈبی

澆水壺

درانتی

長柄大鐮刀

ہل

犁

درانتی

鐮刀

ہو

鋤頭

ترنگل

長柄草耙

کوہاڑی

斧頭

ریڑھی

獨輪手推車

ڈونگا

飼料槽

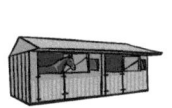

ددھ نا ڈبہ

牛奶罐

بورا

麻布袋

باڑ

柵欄

اصطبل

馬廄

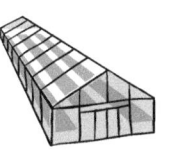

گرین ہاؤس

溫室

مٹی

土壤

بیج

種子

کھاد

肥料

کمبائن ہارویسٹر

聯合收割機

فصل

收割

فصل

收割

یامز

地瓜

کنک

小麥

سویا

大豆

آلو

土豆

مکئی

玉米

تلی

油菜籽

پهلدار درخت

果樹

کاساوا

樹薯

اناج

穀物

چمنی
煙囪
چھت
屋頂
نالی
落水管
کھڑکی
窗戶
گیراج
車庫
دروازے نی گھنٹی
門鈴
دروازہ
門
کچرا دان
垃圾桶
لیٹر باکس
信箱
باغ
花園

لونگ روم

客廳

باتھ روم

浴室

باورچہ خانہ

廚房

بیڈروم

臥室

بچیاں نا کمرہ

兒童房

ڈائننگ روم

餐廳

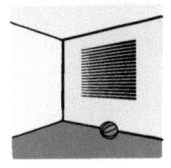

فرش

地板

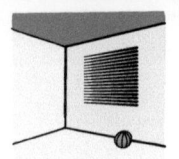

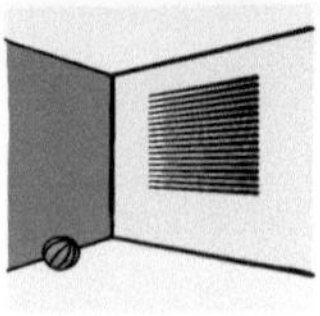

دیوار

牆壁

چھت

天花板

سلہا

地窖

سوانا

三溫暖

بالکنی

陽臺

ٹیرس

露臺

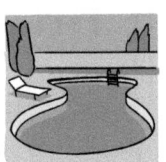

پول

游泳池

لان موور

割草機

شیٹ

被單

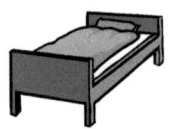

بیڈ سپریڈ

床罩

بیڈ

床

جھاڑو

掃帚

بالٹی

水桶

سوئچ

開關

لونگ روم
客廳

وال پیپر
壁紙
تصویر
相片
لیمپ
檯燈
شیلف
擱架
الماری
櫥櫃
آگ دان
壁爐
ٹیلیویژن
電視
پھل
花
کشن
墊子
صوفہ
沙發
گلدان
花瓶
ریموٹ کنٹرول
遙控器

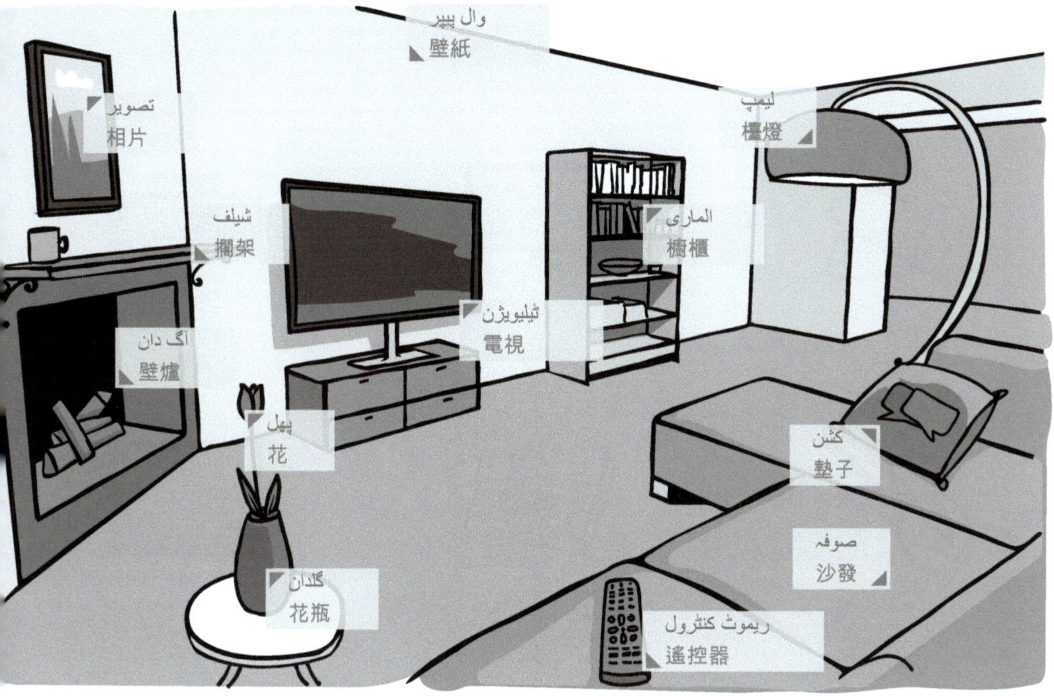

قالین

地毯

پردے

窗簾

میز

餐桌

کرسی

椅子

راکنگ چئیر

搖椅

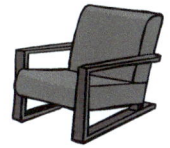

آرم چئیر

扶手椅

کتاب

書

کمبل

毯子

ڈیکوریشن

裝飾品

کولے

木柴

فلم

電影

ہائی فائی آلات

高傳真音響

چابی

鑰匙

اخبار

報紙

پینٹنگ

油畫

پوسٹر

海報

ریڈیو

收音機

نوٹ پیڈ

筆記本

ہوور

吸塵器

کیکٹس

仙人掌

موم بتی

蠟燭

باورچہ خانہ
廚房

فرج
冰箱
مائیکرو ویو اوون
微波爐
کچن سکیل
廚房秤
ٹوسٹر
烤麵包機
صرف
洗潔精
اوون
烤箱
فریزر
冰櫃
کچرا دان
垃圾桶
پھانڈے دھون آلا
洗碗機

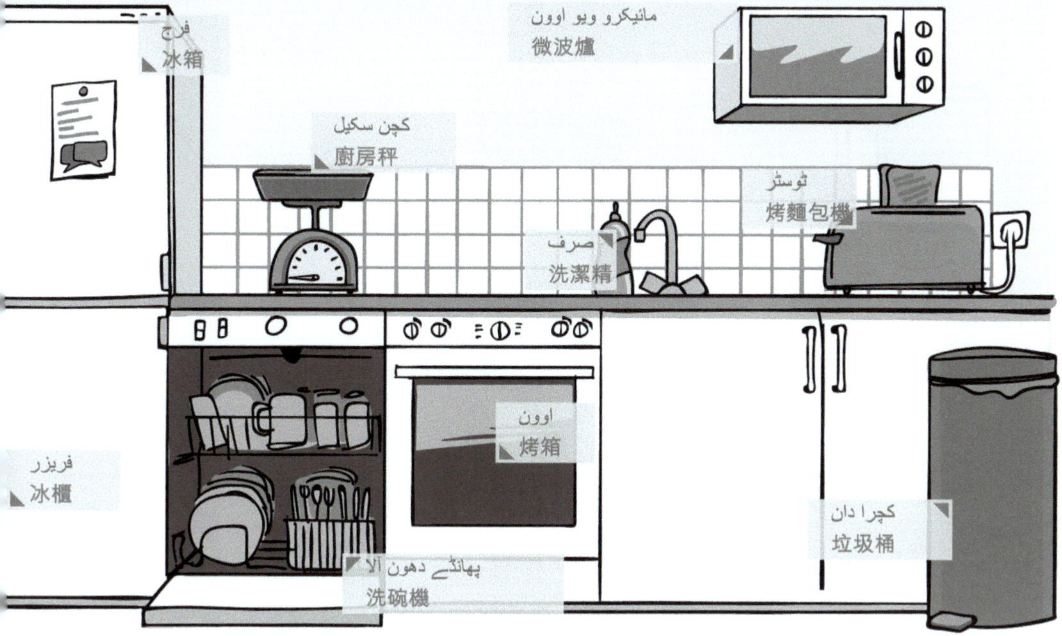

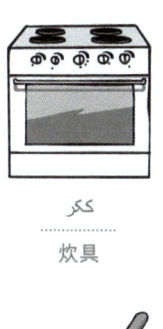

ککر

炊具

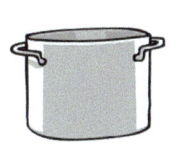

پاٹ

鍋

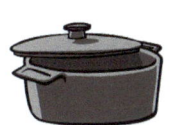

کاسٹ آئرن پاٹ

鑄鐵鍋

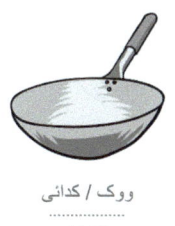

ووک / کدائی

炒鍋

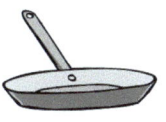

پین

平底鍋

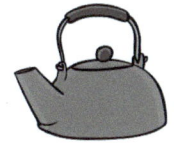

کیتلی

水壺

سٹیمر

蒸鍋

بیکنگ ٹرے

烤盤

پھانڈے

陶瓷鍋

مگا

馬克杯

پیالہ

碗

چوپ سٹکس

筷子

کرچھل

長柄勺

اسپالی

鏟子

پھینٹن آلا

攪拌器

چھننا

濾網

چھننی

篩子

جھاواں

磨碎機

کھان پکان آلا چمچہ

研缽

باربی کیو

燒烤

چولھا

明火

کٹنگ بورڈ

菜板

رولنگ پن

擀麵杖

کارک سکرو

開瓶器

کین

罐子

کین کھلون آلا

開罐器

پاٹ پگڑن آلا

隔熱手套

سنک

水槽

برش

刷子

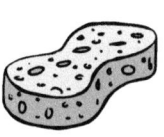

سپنج

海綿

بلینڈر

攪拌機

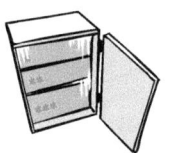

ڈیپ فریزر

冷藏箱

بچے نی بوتل

奶瓶

ٹوٹی

水龍頭

باتھ روم

浴室

供暖裝置
تولیہ
毛巾
شاور
شاور کرٹن
浴簾
ببل باتھ
泡沫浴
نہان آلا ٹب
浴缸
واشنگ مشین
洗衣機
ٹائل
瓷磚
گلاس
玻璃杯
ٹوٹی
水龍頭
پاخانہ
便壺
سنک
水槽

ٹوائلٹ

廁所

ٹوائلٹ

蹲便器

بڈت

坐浴器

پیشاب

小便斗

ٹوائلٹ پیپر

廁紙

ٹوائلٹ برش

馬桶刷

ٹوتھ برش

牙刷

ٹوتھ پیسٹ

牙膏

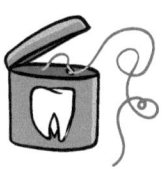

ڈینٹل فلاس

牙線

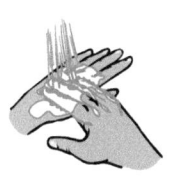

دھونا

洗

ہتھ وچ پھڑن آلا شاور

手持式蓮蓬頭

شاور

沖洗器

بیسن

洗臉盆

بیک برش

洗背刷

صابن

肥皂

شاور جیل

沐浴露

شیمپو

洗髮乳

فلالین

法蘭絨

نالی

排水

کریم

乳霜

ڈیوڈرنٹ

除臭劑

آئینہ

鏡子

ہتہ آلا شیشہ

手鏡

استرا

刮鬍刀

شیونگ فوم

刮鬍泡沫

آفٹر سیو

鬍後水

کنگھا

梳子

برش

刷子

ہئیر ڈرائر

吹風機

ہئیر سپرے

噴髮定型劑

میک اپ

化妝品

لپ سٹک

唇膏

ناخن نی وارنش

指甲油

کاٹن وول

化妝棉

ناخن کتر

指甲剪

پرفیوم

香水

واش بیگ

洗漱包

پاخانه

凳子

وزن دا پیمانه

計重秤

باته نی الماری

浴袍

ربر نے دستانه

橡膠手套

بفر

衛生棉條

تولیه سٹینڈ

衛生棉

کیمیکل ٹوائلٹ

化學廁所

بچیاں نا کمرہ

兒童房

الارم کلاک
鬧鐘
کھڈونے
毛絨玩具
کھڈونا گڈی
玩具車
ھڑھڑ
撥浪鼓
گڈی نا کھار
玩具屋
تحفہ
禮物

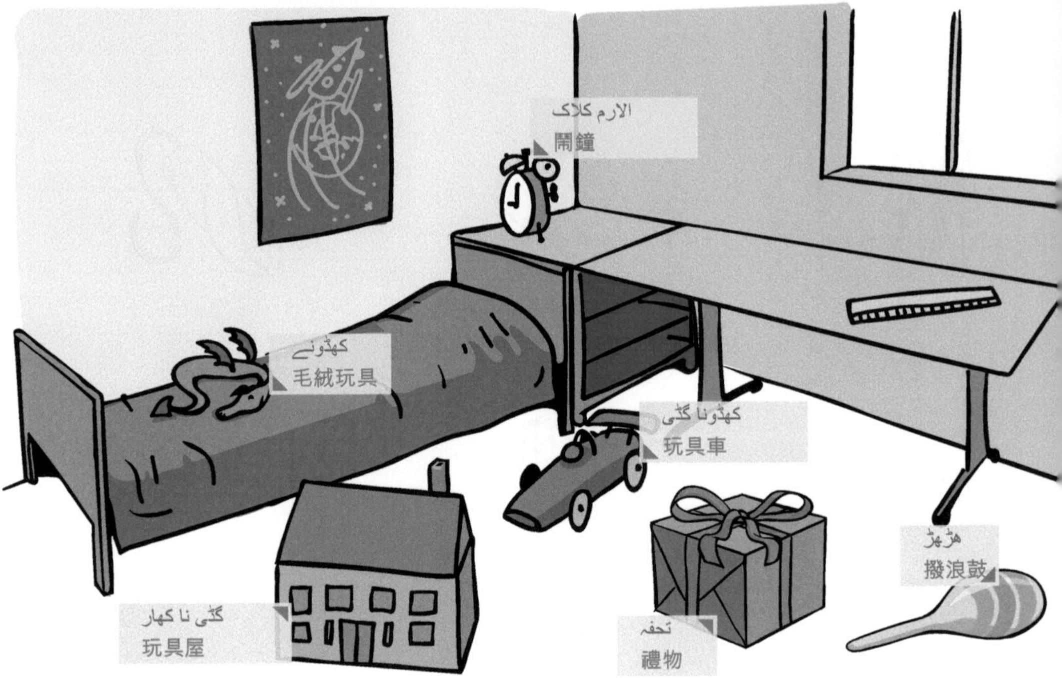

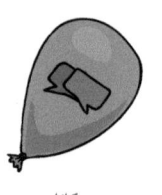

پھکانا

氣球

بیڈ

床

پرام

嬰兒車

تاش نے پتے

撲克牌

جگ سا

拼圖

SUPER
MEGA

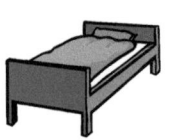

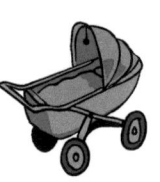

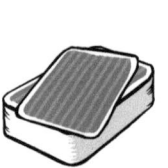

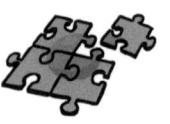

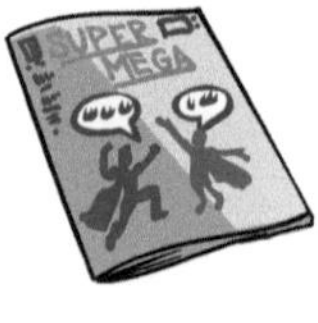

کامک

漫畫

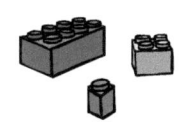

لیگو برکس

樂高積木

بلڈنگ بلاکس

積木玩具

کھڈونا

公仔

بےبی گرو

嬰兒服

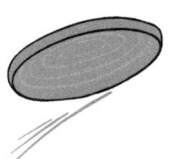

فرزوی

飛盤

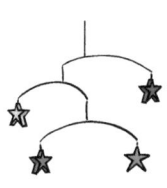

موبائل

床鈴玩具

بورڈ گیم

棋盤遊戲

ڈائس

骰子

ماڈل ٹرن سیٹ

火車模型

ڈمی

安撫奶嘴

پارٹی

派對

تصویری کتاب

繪本

گیند

球

گڈی

洋娃娃

کھیڈنا

玩

سینڈ پٹ

沙坑

جھولا

鞦韆

کھڈونے

玩具

ویڈیو گیم کنسول

電玩遊戲

ٹرائی سائیکل

三輪車

ٹیڈی بئیر

泰迪熊

الماری

衣櫃

کپڑے
衣服

جراباں

襪子

جراباں

長襪

ٹائٹس

緊身褲

سكارف
圍巾

چھتری
雨傘

ٹی شرٹ
T恤

بیلٹ
皮帶

بوٹ
靴子

سلیپر
拖鞋

جوگر
運動鞋

سینڈل
涼鞋

جوتی
鞋

ربر نے جوتی
雨靴

انڈر وئیر
內褲

برا
胸罩

بنیان
背心

کپڑے - 衣服   45

جسم

身體

پاجامہ

褲子

جینز

牛仔褲

سکرٹ

短裙

برا

女式襯衫

قمیض

襯衫

سوئیٹر

套頭衫

ہوڈی

連帽上衣

کوٹ

西裝夾克

جیکٹ

夾克

کوٹ

外套

برساتی

雨衣

کاسٹیوم

套裝

کپڑے

連衣裙

شادی نا جوڑا

婚紗

سوٹ

西裝

راتے نے کپڑے

睡袍

پاجامہ

睡衣

ساڑھی

莎麗

سکارف

頭巾

پگڑی

包頭巾

برقعہ

波卡

کفتان

卡夫坦

برقعہ

(阿拉伯式)長袍

نہان والے کپڑے

泳衣

انڈرویئر

男式泳褲

نیکر

短褲

ٹریک سوٹ

運動服

دھوتی

圍裙

دستانے

手套

بٹن

鈕扣

چشمہ

眼鏡

بریسلیٹ

手鏈

ہار

項鍊

انگوٹھی

戒指

کنڈے

耳環

ٹوپی

便帽

کوٹ ہینگر

衣架

ٹوپی

帽子

ٹائی

領帶

زپ

拉鍊

ہیلمٹ

安全帽

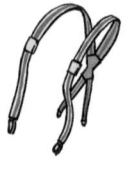

بریسز

背帶

سکول نی وردی

校服

وردی

制服

بب

圍兜

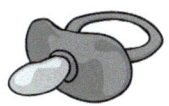

ڈمی

安撫奶嘴

ناپی

尿布

دفتر

辦公室

سرور
伺服器
فائلاں نے الماری
檔案櫃
پرنٹر
印表機
کاغذ
紙
مانیٹر
螢幕
ماؤس
滑鼠
میز
فولڈر
資料夾
کی بورڈ
鍵盤
کچرے نا ڈبہ
廢紙簍
کمپیوٹر
電腦
کرسی
椅子

کافی مگ

咖啡杯

کیلکولیٹر

計算機

انٹرنیٹ

網際網路

لیپ ٹاپ

筆記型電腦

خط

信件

پیغام

簡訊

موبائل

行動電話

نیٹ ورک

網路

فوٹو کاپئیر

影印機

سافٹ وئیر

軟體

ٹیلیفون

電話

پلگ ساکٹ

插座

فکس مشین

傳真機

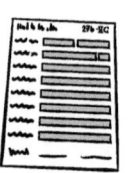

فارم

表格

دستاویزات

檔案

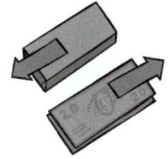

خریدنا
買

ادا کرنا
付錢

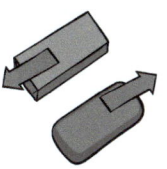

تجارت
交易

پیسہ
現金

ڈالر
美元

یورو
歐元

ین
日元

ربل
盧布

سویس فرانک
瑞士法郎

رینمینبی یوان
人民幣

روپیہ
盧比

کیش پوائنٹ
提款處

ایکسچینج دفتر

外幣兌換處

سونا

金

چاندی

銀

تیل

石油

توانائی

能源

قیمت

價格

معاہدہ

合約

ٹیکس

稅金

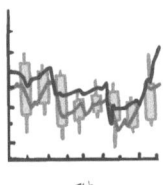

سٹاک

股票

کم

工作

ملازم

職員

آجر

老闆

فیکٹری

工廠

ہٹی

商店

پلس افسر
警官

اگ بجھان آلا
消防員

کک
廚師

ڈاکٹر
醫師

پائلٹ
飛行員

مالی
....
園丁

برھئی
....
木匠

درزن
....
裁縫

جج
....
法官

کیمسٹ
....
化學家

ایکٹر
....
演員

بس ڈرائیور

公車司機

ٹیکسی ڈرائیور

計程車司機

مچھیرا

漁夫

صفائی آلی جنانی

清洗女工

روفر

屋頂工

ویٹر

服務生

شکاری

獵人

پینٹر

畫家

بیکری آلا

麵包師

الیکٹریشن

電工

تعمیرات آلا

建築工人

انجینئیر

工程師

قصائی

屠夫

پلمبر

水管工

پوسٹ مین

郵差

سپاہی

士兵

آرکیٹیکٹ

建築師

کیشیئر

收銀員

پھلاں آلا

花農

نائی

理髮師

کنڈکٹر

售票員

مکینک

機械技師

کپتان

船長

دندان ساز

牙醫

سائنس دان

科學家

ربائی

拉比

امام

伊瑪目

راہب

和尚

انگریز

牧師

ٹولز

工具

ہتھوڑا
鐵錘
پلائر
鉗子
سکریو ڈرائیور
螺絲起子
سپینر
扳手
ٹارچ
手電筒

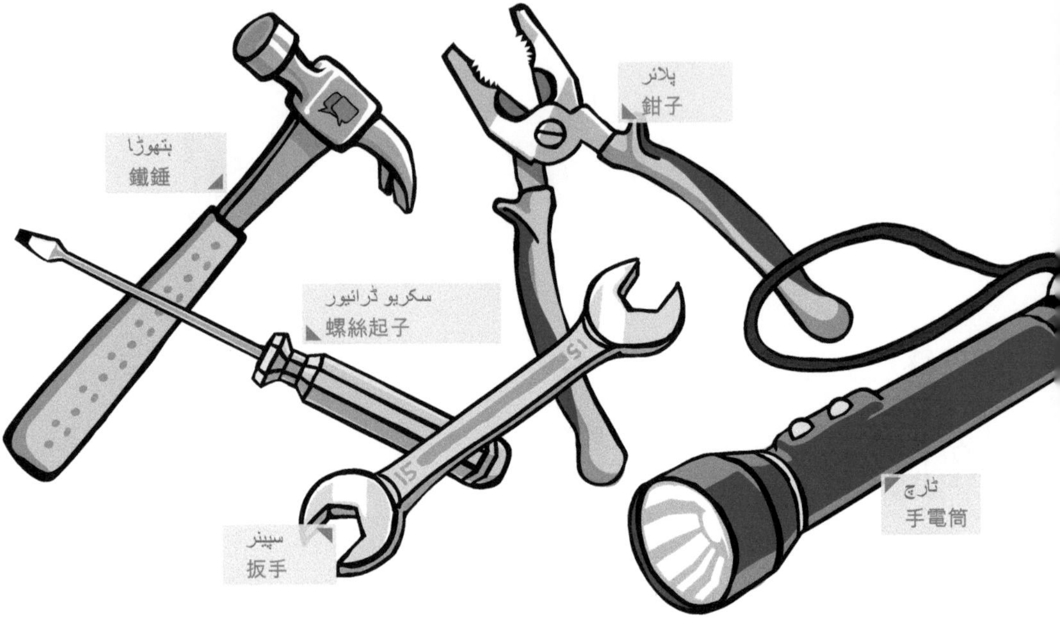

پھاوڑا

挖掘機

ٹول باکس

工具箱

سیڑھی

梯子

آری

鋸子

کیل

釘子

ڈرل

鑽機

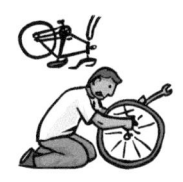

مرمت

修

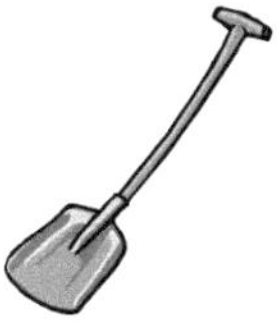

شاول

鏟子

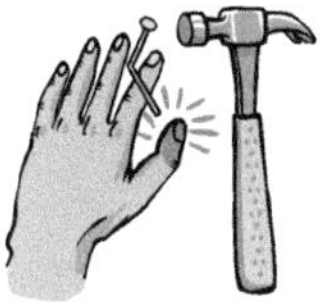

لعنت!

糟糕！

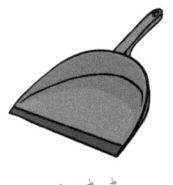

ڈسٹ پین

畚箕

پینٹ پاٹ

油漆桶

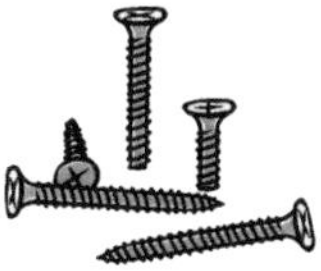

سکریوز

螺絲

موسیقی نے آلات

樂器

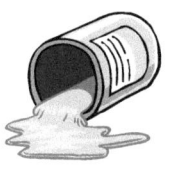

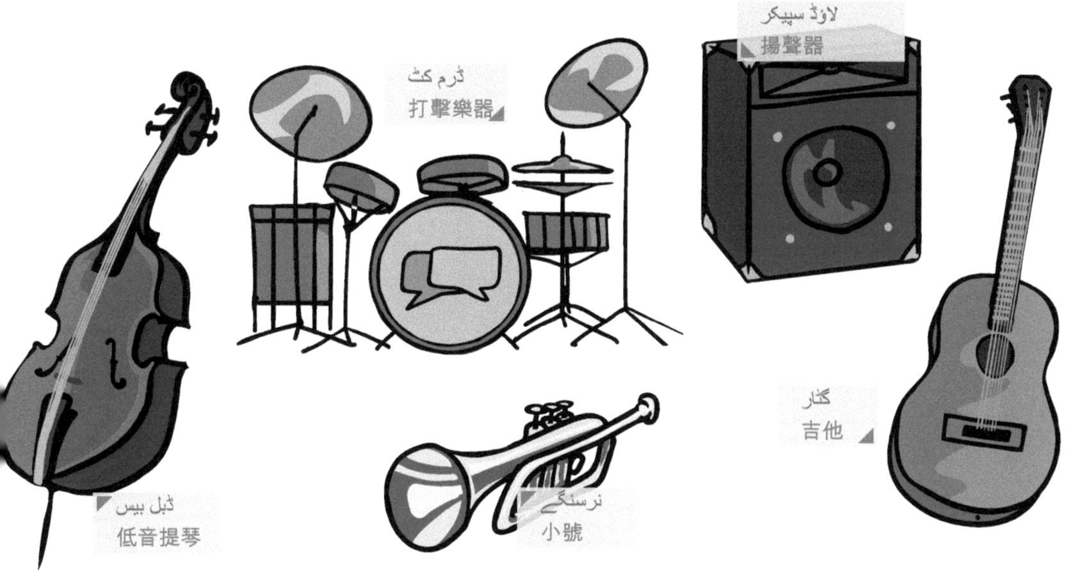

لاؤڈ سپیکر
揚聲器
ڈرم کٹ
打擊樂器
گٹار
吉他
ڈبل بیس
低音提琴
نرسنگے
小號

پیانو

鋼琴

وائلن

小提琴

بیس

貝斯

ٹمپانی

定音鼓

ڈرمز

鼓

کی بورڈ

電子琴

سیگزو فون

薩克斯風

بانسری

長笛

مائکروفون

麥克風

چڑیا گھر

動物園

داخلہ
入口
چیتا
老虎
پنجرہ
籠子
زیبرا
斑馬
جانوراں دا کھانا
پانڈا
熊貓

جانور

動物

ہاتھی

大象

کینگرو

袋鼠

گینڈا

犀牛

گوریلا

大猩猩

ریچھ

熊

اونٹ

駱駝

شترمرغ

鴕鳥

شیر

獅子

باندر

猴子

فلیمنگو

紅鶴

طوطا

鸚鵡

برفانی ریچھ

北極熊

پینگوئین

企鵝

شارک

鯊魚

مور

孔雀

سپ

蛇

مگرمچھ

鱷魚

چڑیا گھر دا رکھوالا

動物園管理員

سیل

海豹

جیگوار

美洲豹

پونی

矮種馬

لیپرڈ

豹

ہپو

河馬

زرافه

長頸鹿

چیل

老鷹

نر سور

野豬

مچھی

魚

کیچھوا

龜

والرس

海象

لومبڑ

狐狸

گیزل

羚羊

امریکن فٹابل
橄欖球
سائکلنگ
騎腳踏車
ٹینس
網球
باسکٹ بال
籃球
سوئیمنگ
游泳
باکسنگ
拳擊
آئس ہاکی
冰球

فٹبال

美式足球

بیڈ منٹن

羽毛球

ایتھلیٹکس

田徑

ہینڈ بال

手球

سکیینگ

滑雪

پولو

馬球

بنسنا
笑

چھال مارنا
跳

چھپی پانا
擁抱

چلنا
走路

گانا گانا
唱

خواب
做夢

دعا
祈禱

بوسہ
親吻

لکھنا
....
書寫

لیک لانا
....
畫

وکھانا
....
展示

دھکا
....
推

دینا
....
給

لینا
....
拿

کم - 活動   63

ہے وے

有

کرنا

做

ہو

當

کھلونا

站

دوڑنا

跑

چیھکنا

拉

سٹنا

丟

ٹھینا

摔倒

جھوٹ

躺

انتظار

等待

چکنا

攜帶

بیھنا

坐

کپڑے پانا

穿衣

سونا

睡覺

جاگنا

醒來

ویکھنا

看

رونا/چلانا

哭

سٹروک

擊

کنگھا

梳頭

گل کرنا

交談

سمجھنا

明白

پوچھنا/دسنا

問

سننا

聽

پینا

喝

کھانا

吃

تیار ہونا

清理

محبت

愛

پکانا

做飯

گڈی چلانا

開車

اڈنا

飛

سمندری سفر

航行

کیلکولیٹ

計算

پڑھنا

讀

سیکھنا

學習

کم

工作

شادی

結婚

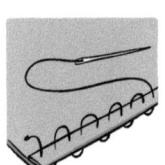

سیونا

縫

دند صاف

刷牙

قتل

殺

دھواں

抽菸

بھیجنا

寄

دادی
祖母
دادا
祖父
پیو
父親
ماں
母親
بچہ
嬰兒
دھی
女兒
پتر
兒子

مہمان

客人

ماسی / پھو

阿姨

چاچا/ماما

叔叔

بھرا

兄弟

بہن

姐妹

جسم

身體

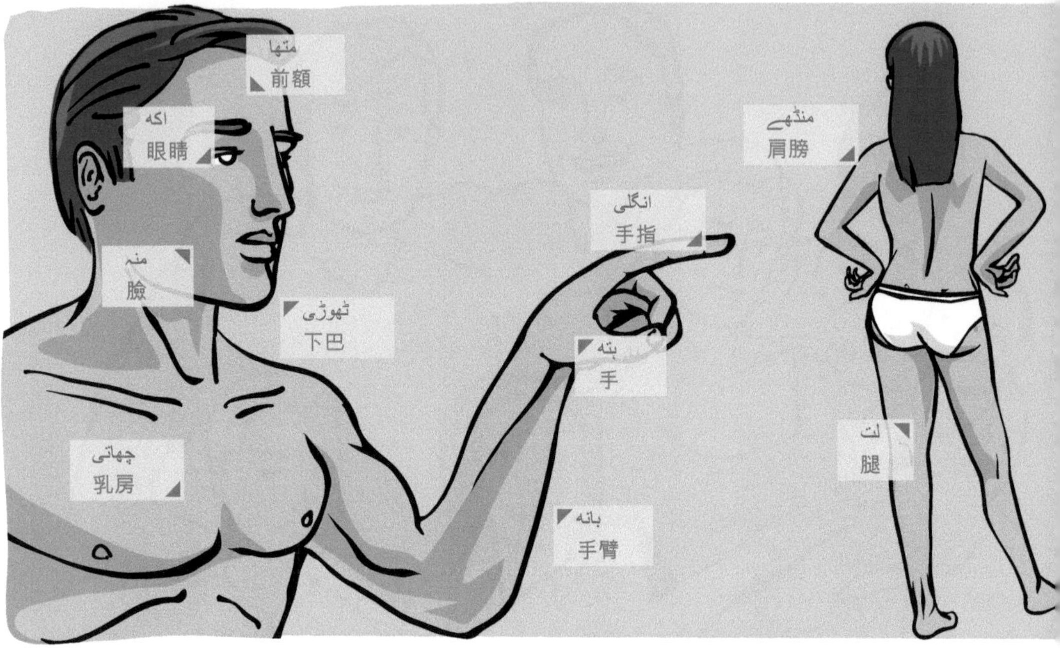

متھا
前額
اکھ
眼睛
منڈھے
肩膀
انگلی
手指
منہ
臉
ٹھوڑی
下巴
手
چھاتی
乳房
لت
腿
بانہ
手臂

بچہ

嬰兒

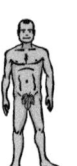

بندہ

男人

جنانی

女人

کڑی

女孩

مڑا

男孩

سر

頭

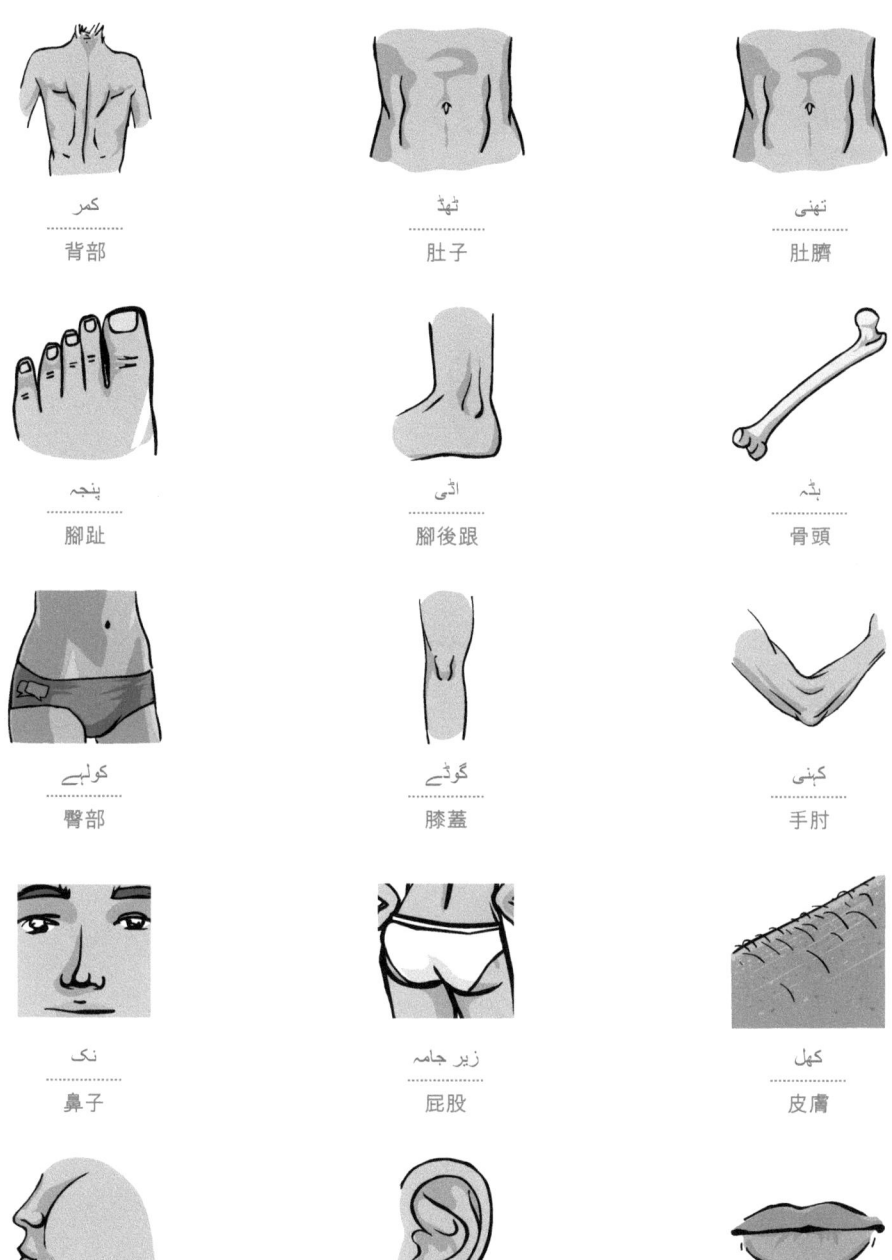

کمر

背部

ٹھڈ

肚子

تھنی

肚臍

پنجہ

腳趾

اڈی

腳後跟

ہڈہ

骨頭

کولہے

臀部

گوڈے

膝蓋

کہنی

手肘

نک

鼻子

زیر جامہ

屁股

کھل

皮膚

گلاں

臉頰

کن

耳朵

بل

嘴唇

منہ

嘴

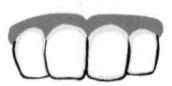

دند

牙齒

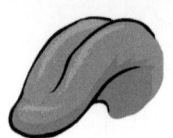

زبان

舌頭

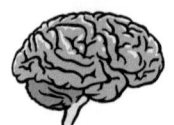

دماغ

腦

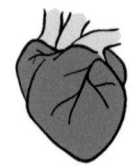

دل

心臟

پٹھے

肌肉

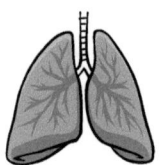

پھیپڑے

肺

جگر

肝臟

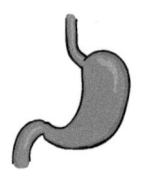

ٹھڈ

胃

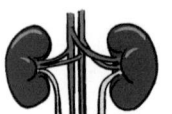

گردے

腎臟

جنس

性交

کنڈم

保險套

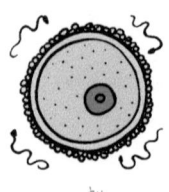

انڈے

卵子

منی

精子

حمل

懷孕

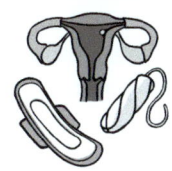

حیض

月事

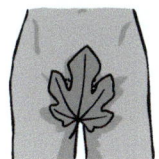

اندام نهانی

陰道

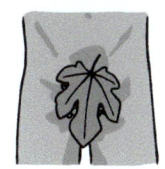

عضو تناسل

陰莖

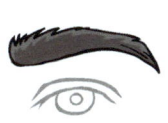

بهوں

眉毛

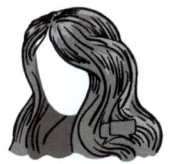

بال

頭髮

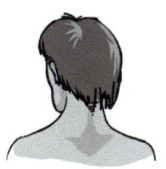

گردن

脖子

ہسپتال

醫院

ہسپتال
醫院
ایمبولنس
急救車
輪椅
فریکچر
骨折

ڈاکٹر

醫師

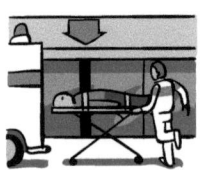

ہنگامی کمرہ

急診室

نرس

護理師

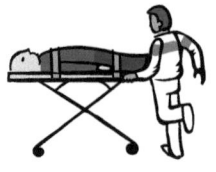

ایمرجنسی

緊急情形

بے ہوش

昏迷

درد

痛

72 ہسپتال - 醫院

سٹ

受傷

خون نکلنا

出血

دل نا دورہ

心臟病發作

فالج

中風

الرجی

過敏

کھنگ

咳嗽

تپ

發燒

نزلہ

流感

اسہال

腹瀉

سر درد

頭痛

کینسر

癌症

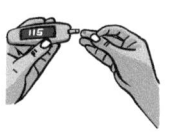

شوگر(ذیابطس)

糖尿病

سرجن

外科醫師

سکیلپیل

手術刀

آپریشن

手術

سی ٹی

電腦斷層掃描

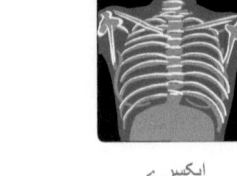

ایکسرے

X光

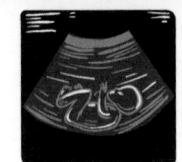

الٹرا ساؤنڈ

超音波

چہرہ نا ماسک

口罩

بماری

疾病

انتظار گاہ

候診室

بیساکھی

拐杖

پلستر

石膏

پٹی

繃帶

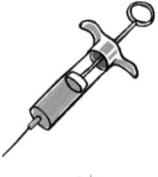

ٹیکہ

注射

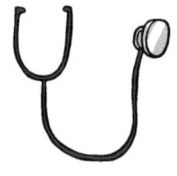

سٹیتھوسکوپ

聽診器

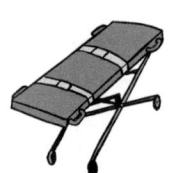

اسٹریچر

擔架

کلینکل تھرمومیٹر

體溫計

پیدائش

出生

زائدالوزن

超重

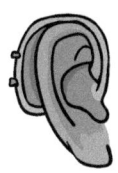

سنن لئی آلہ

助聽器

جراثیمم کش

消毒液

متعدی مرض

感染

وائرس

病毒

HIV/AIDS

愛滋病

دوائی

藥物

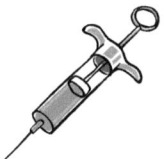

ویکسینیشن

接種疫苗

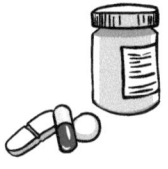

گولیاں

藥片

گولی

藥丸

ہنگامی کال

急救電話

بلڈ پریشر مانیٹر

血壓計

بیمار / صحتمند

生病/健康

ایمرجنسی

緊急情形

مدد!

救命！

الارم

警報

حملہ

突擊

حملہ

攻擊

خطرہ

危險

ہنگامی اخراج

緊急出口

اگ!

失火了！

اگ بجاھن والا آلہ

滅火器

حادثہ

意外

فرسٹ ایڈ کٹ

急救箱

SOS

呼救訊號

پلس

員警

زمین
地球

یورپ

歐洲

شمالی امریکہ

北美洲

جنوبی امریکہ

南美洲

افریقہ

非洲

ایشیاء

亞洲

آسٹریلیا

澳洲

اٹلانٹک

大西洋

پیسیفک

太平洋

بحیرہ ہند

印度洋

بھیرہ انٹارکٹک

南冰洋

بھیرہ آرکٹیک

北冰洋

قطب شمالی

北極

قطب جنوبی

南極

انتارکتیکا

南極洲

زمین

地球

خشکی

陸地

سمندر

海

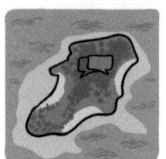

جزیره

島

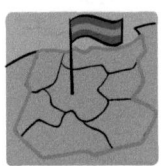

قوم

國家

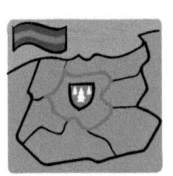

ریاست

州

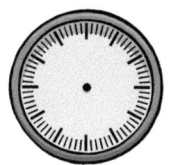

گھڑی
鐘錶

کلاک فیس

錶盤

نکی سوئی

時針

وڈی سوئی

分針

سیکنڈ ہینڈ

秒針

کی ٹائم ہویا اے؟

現在幾點？

دن

天

وقت

時間

ہون

現在

ڈیجیٹل گھڑی

電子錶

منٹ

分

گھنٹہ

時

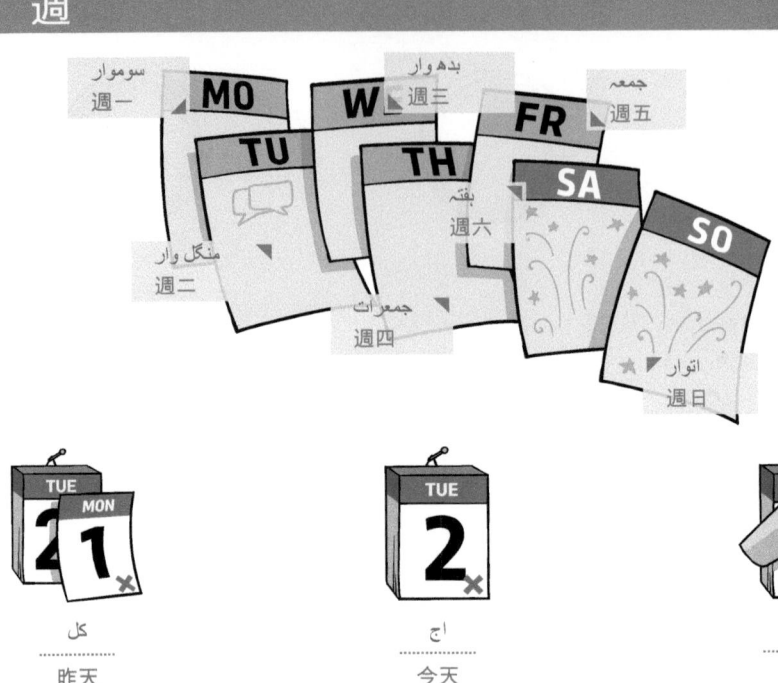

ہفتہ

週

کل

昨天

اج

今天

کل

明天

سویر

早晨

دوپہر

中午

شام

晚上

کاروباری دن

工作日

ویک اینڈ

週末

سال

年

بارش
雨
رین بو
彩虹
ہوا
風
برف
雪
بہار
春
گرمی
夏
خزاں
秋
سردی
冬

موسمی پیشگوئی

天氣預告

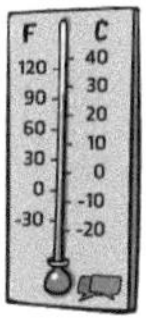

تھرمامیٹر

溫度計

سورج نے چمک

陽光

بدل

雲

دھند

霧

نمی

潮濕

بجلی کڑکنا

閃電

گرج

打雷

نهیری

風暴

اولے

冰雹

ساون

季風

سیلاب

洪水

برف

冰

جنوری

一月

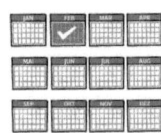

فروری

二月

مارچ

三月

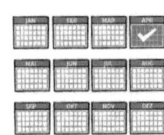

اپریل

四月

مئی

五月

جون

六月

جولائی

七月

اگست

八月

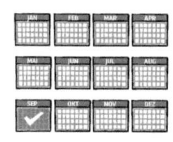

ستمبر

九月

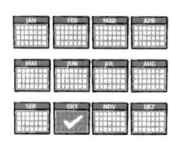

اكتوبر

十月

نومبر

十一月

دسمبر

十二月

شكلاں

形狀

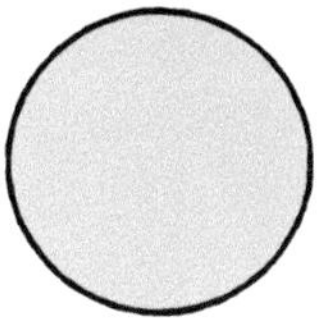

گول

圓形

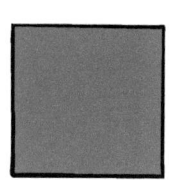

چوکور

正方形

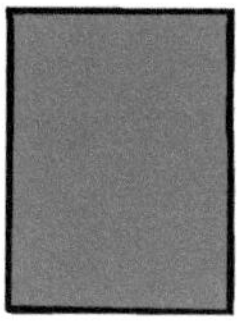

مستطيل

長方形

مثلث

三角形

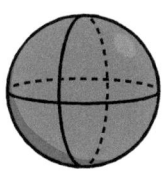

دائره نما

球體

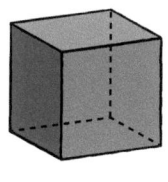

مكعب

立方體

رنگ

顏色

چٹا

白

پیلا

黃

نارنجی

橙

گلابی

粉

رتا

紅

جامنی

紫

نیلا

藍

ہرا

綠

کتھئی

棕

سرمئی

灰

کالا

黑

زیادہ / گھٹ

很多/少許

ناراض / پرسکون

生氣/平靜

خوبصورت / بدصورت

美/醜

ابتداء / اختتام

首/尾

وڈّا / نکا

大/小

روشن / نھیرا

明/暗

بھرا / بہن

兄弟/姐妹

صاف / گندا

乾淨/骯髒

مکمل / نا مکمل

完整/缺失

دن / رات

白天/晚上

مردہ / اندہ

死/生

چوڑا / تنگ

寬/窄

خوردنی / ناقابل خوردنی

可食用/非食用

پھیڑا / چنگا

邪惡/善良

خوش / ناخوش

興奮/無聊

موٹا / پتلا

胖/瘦

پہلا / آخری

第一/最後

دوست / دشمن

朋友/敵人

بھریا / خالی

滿/空

سخت / نرم

硬/軟

بھاری / ہلکا

重/輕

بھوک / پیاس

餓/渴

بیمار / صحتمند

生病/健康

قانونی / غیر قانونی

非法/合法

ذہین / بیوقوف

聰明/愚笨

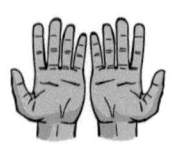

کھبا / سجا

左/右

کولے / دور

近/遠

نواں / پرانا

新/舊

کجھ نئیں / سب کجھ

沒有/有些

بڈھا / جوان

老/幼

کھولنا / بند کرنا

開/關

کھولنا / بند کرنا

打開/闔上

خاموشی / شور

安靜/吵鬧

امیر / غریب

富/窮

درست / غلط

對/錯

کھردرا / ہموار

粗糙/光滑

افسردہ / خوش

傷心/高興

نکا / لما

短/長

آہستہ / تیز

慢/快

گیلا / خشک

濕/乾

گرم / ٹھنڈا

溫暖/涼爽

جنگ / امن

戰爭/和平

اعداد

數字

0	**1**	**2**
صفر	اک	دو
零	一	二
3	**4**	**5**
تن	چار	پنج
三	四	五
6	**7**	**8**
چه	ست	اٹھ
六	七	八
9	**10**	**11**
نو	دس	یاراں
九	十	十一

12

باراں

十二

13

تیراں

十三

14

چودا

十四

15

پندره

十五

16

سولہ

十六

17

ستاراں

十七

18

اٹھاراں

十八

19

انیہ

十九

20

وی

二十

100

سو

百

1.000

ہزار

千

1.000.000

ملین

百萬

بولی

語言

انگریزی

英語

امریکی انگریزی

美式英語

چینی مینڈیرین

普通話

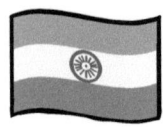

ہندی

印地語

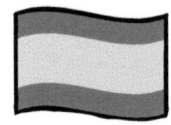

سپینش

西班牙語

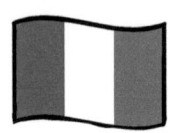

فرینچ

法語

عربی

阿拉伯語

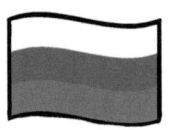

رشئین

俄語

پرتگالی

葡萄牙語

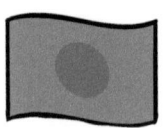

بنگالی

孟加拉語

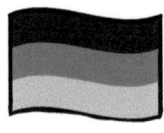

جرمن

德語

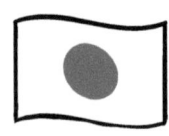

جاپانی

日語

میں

我

توں

你

وہ/وہ/ایہہ

他/她/它

اسیں

我們

توں

你們

او

他們

کون؟

誰？

کی؟

什麼？

کیوں؟

如何？

کتھے؟

何處？

کدوں؟

何時？

ناں

名字

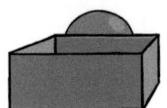

کتھے
方位

پچھے

後面

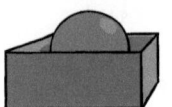

وچ

裡面

نے سامنے

前面

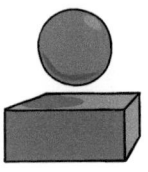

تے

上方

تے

上面

ہیٹ

下麵

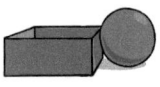

سوا

旁邊

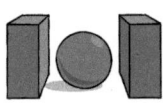

مابین

中間

جگہ

地點